푸르게 공중을 흔들어 보였네

시와실천 서정시선　039

푸르게 공중을 흔들어 보였네
시와실천 서정시선 039

초판 1쇄 발행 | 2020년 9월 18일

엮 은 이 | 이어산
엮 은 곳 | 시사모 동인회 - 시를사랑하는사람들 전국모임
펴 낸 이 | 장한라
펴 낸 곳 | 시와 실천
등록번호 | 제2018-000042호
등록일자 | 2018년 11월 27일
편 집 실 | 서울특별시 종로구 율곡로 6길 36 (계간 시와편견)
디자인실장 | 이은솔
전　　화 | 02) 766-4580, 010-3945-2245
제　　주 | 63248 제주특별자치도 제주시 인다11길 28, 1층
전　　화 | 064) 752-8727, 010-4549-8727
전자우편 | 11poem88@hanmail.net
인　　쇄 | (주)보진재(파주출판단지 내)

ISBN 979-11-90137-41-6 03810

값 12,000원

* 이 책은 전부 또는 일부 내용을 재사용하려면 저작권자와 '시와 실천'의 동의를 받아야 합니다.
* 이 도서의 국립중앙도서관 출판시도서목록(CIP)은 서지정보유통지원시스템 홈페이지(http://seoji.nl.go.kr)와 국가자료공동목록시스템(http://www.nl.go.kr/kolisnet)에서 이용하실 수 있습니다. (CIP제어번호 : CIP2020037417)
* 본문에서 페이지가 바뀌며 연 구분 공간이 있을 때에는 〈 표기를 합니다.

푸르게 공중을 흔들어 보였네

시사모 동인 시집

이동춘
임수현
최소정
한명희
김해인
김장구
김인자
김선미
김 승
김봄닢
김병수
권오숙
권기식
구수영
곽인숙
고지현
최재우
최규헌
조문정
이인철
이성진
이둘임
유경화
원종구
안철수
안성숙
송주은
박준희
박주영

■ 차 례 – 시사모동인시집 2020 가을

‖ 초대시 ‖

공광규 _ 걸림돌 – 13
나희덕 _ 철로가에 핀 목련 – 15
문태준 _ 백년 – 17
권혁웅 _ 국수 – 19

‖ 시사모 동인시 ‖

이동춘 _ 열차는 멈추지 않았다 외 2편 – 22
임수현 _ 종자 외 2편 – 29
최소정 _ 석양 외 2편 – 36
한명희 _ 단단한 가을 외 2편 – 40
김해인 _ 가을은 외 2편 – 47
김장구_ 바람과 마음 외 2편 – 52
김인자 _ 해상일기 외 2편 – 59
김선미 _ 김종삼씨와 전통 순두부 외 2편 – 66
김 승 _ 매화꽃 필 때 외 2편 – 71
김봄늪 _ 장마 외 2편 – 78

김병수 _ 빗물 스며들다 외 2편 - 84

권오숙 _ 분재 외 2편 - 91

권기식 _ 고향 우체국 외 2편 - 96

구수영 _ 소록산악회 외 2편 - 103

곽인숙 _ 행복한 시간이 미안하다 외 2편 - 110

고지현 _ 길이 흐르는 길 위에서 외 2편 - 116

최재우 _ 겹 그리 그 틈 외 2편 - 123

최규헌 _ 꽃무릇 외 2편 - 128

조문정 _ 구석 외 2편 - 135

이인철 _ 성포항 엘레지 외 2편 - 141

이성진 _ 가치의 무게 외 2편 - 148

이둘임 _ 엄숙했으리 외 2편 - 155

유경화 _ 드라이플라워 외 2편 - 161

원종구 _ 커피믹스 예찬 외 2편 - 168

안철수 _ 부재를 배웅하다 외 2편 - 175

안성숙 _ 슬픈 영사기 외 2편 - 182

송주은 _ 만화방 외 2편 - 188

박준희 _ 버스정거장 외 2편 - 195

박주영 _ 노송(디카시) 외 3편 - 202

공광규 시인 : 1960년 충남 청양 출생
1986년 『동서문학』 「저녁1」 등단
2009년 제4회 윤동주상 문학부문 대상

‖ 초대시 ‖

걸림돌 _ 공광규

잘 아는 스님께 행자 하나를 들이라 했더니
지옥 하나를 더 두는 거라며 마다하신다
석가도 자신의 자식이 수행에 장애가 된다며
아들 이름을 아예 '장애'라고 짓지 않았던가
우리 어머니는 또 어떻게 말씀하셨나
인생이 안 풀려 술 취한 아버지와 싸울 때마다
"자식이 원수여! 원수여!" 소리치지 않으셨던가
밖에 애인을 두고 바람을 피우는 것도
중소기업 하나를 경영하는 것만큼이나 어렵다고 한다
누구를 들이고 둔다는 것이 그럴 것 같다
오늘 저녁에 덜 되먹은 후배 놈 하나가
처자식이 걸림돌이라고 푸념하며 돌아갔다
나는 "못난 놈! 못난 놈!" 훈계하며 술을 사주었다
걸림돌은 세상에 걸쳐 사는 좋은 핑계거리일 것이다
걸림돌이 없다면 인생의 안주도 추억도 빈약하고
나도 이미 저 아래로 떠내려가고 말았을 것이다

나희덕 시인 : 1966년 충남 논산 출생
1989년 《중앙일보》 신춘문예 「뿌리에게」 등단
2019년 제21회 백석문학상 수상
서울과학기술대학교 문예창작학과 교수

‖초대시‖

철로가에 핀 목련 _ 나희덕

석탄가루 꽃가루 함께 날려오는
철로, 그 어두운 지축 위에서
달빛처럼 흔들리는 너,
흔들리면서 꽃을 벌리고
흔들리면서 꽃을 떨구는너,
그러나 처음부터 순결했던 것은 아니었다
한순간도 진정할 수 없었던
그 어둠으로 인하여
끝내 지쳐 피어나는
눈물같은 저 꽃으로 인하여
비로소 눈부시구나
네 하얀 살점 열어 보이는
은밀한 시간 위로도
검은 기적소리 지나가고
너를 만지면 이내 석탄가루 묻어나지만
너의 향기는
아무도 들어주지 않는 노래처럼
저 만치서 홀로 빛나는구나

문태준 시인 ; 1970년 경북 김천 출생
1994년 『문예중앙』 등단
동국대학교 대학원 국문학 박사
제31회 정지용문학상 수상, 불교방송프로듀서

‖ 초대시 ‖

百年 _ 문태준

와병 중인 당신을 두고 어두운 술집에 와 빈 의자처럼 쓸쓸히 술을 마셨네

내가 그대에게 하는 말은 다 건네지 못한 후략의 말

그제는 하얀 앵두꽃이 와 내 곁에서 지고
오늘은 왕버들이 한 이랑 한 이랑의 새잎을 들고 푸르게 공중을 흔들어 보였네

단골 술집에 와 오늘 우연히 시렁에 쌓인 베개들을 올려보았네
연지처럼 붉은 실로 꼼꼼하게 바느질해놓은 百年이라는 글씨

저 百年을 함께 베고 살다 간 사랑은 누구였을까
병이 오고, 끙끙 앓고, 붉은 알몸으로도 뜨겁게 껴안자던 百年

등을 대고 나란히 눕던, 당신의 등을 쓰다듬던 그 百年이라는 말
강물처럼 누워 서로서로 흘러가자던 百年이라는 말

와병 중인 당신을 두고 어두운 술집에 와 하루를 울었네

권혁웅 시인 : 1967년 충북 충주 출생
1996년 《중앙일보》 신춘문예(평론) 등단
1997년 《문예중앙》 신인상(시) 등단
시집 『황금나무 아래서』 출간
시론집 『한국 현대시의 시작방법 연구』 『시적 언어의 기하학』 등 출간, 현대시동인상 수상,
미당문학상 수상, 현재 한양여대 문창과 교수.

|| 초대시 ||

국수 _ 권혁웅

  넓은 마당 옆에 국수집이 있다고 내가 말했던가 우리 이모네 집이다 저녁이면 어머니는 나를 그리로 마실 보내곤 했다
  우리는 국수보다 삼양라면이 좋았는데 이를테면 꼬불꼬불한 면발을 다 먹고 나서야 아버지는 상을 엎었던 건인데
  국수 뽑는 기계는 쉴 새 없이 국수를 뽑았다 동어반복을 거기서 배웠다 목포는 항구고 흥남은 부두지만
  국수는 국수다 국물을 우려내는 멸치처럼 나는 작았고 말랐고 부어 있었다 나는 저녁마다 국물 속을 헤엄쳐 다녔다
  어느 날 아버지가 고춧가루를 뿌렸다 좋아요 형님, 다신 안 와요 보증을 잘못 섰다고 한다 거길 떠난 후에 내가 먹은 국수는 어머니가 반죽해서 식칼로 썰어낸 손칼국수다 면발이 삐뚤빼뚤해서 이모네 국수처럼 가지런하지 않았다
  그때 내가 좋아한 건 이틀에 한 번씩 오는 번데기 리어카와 솜틀집문에 치어 죽은 병아리 그리고 전도관의 풍금 소리,

결단코 국수는 아니었는데
그 후로도 눈이 내렸다 밀린 연탄재를 한길에 내다버릴 수 있다고 어머니가 좋아하던
그 눈, 국수가 나올 때
그 위에 뿌리는 밀가루처럼 하얗고 퍽퍽하던 그 눈, 우리는 면발처럼 줄줄이 넓은 마당에 나오곤 했던 것인데
아, 이 반가운 것은 무엇인가* 이 진하게 우려낸 하늘은 무엇인가 번데기처럼 구수하고 병아리처럼 노랗고 풍금의 건반처럼 가지런한
이것은 무엇인가

* '백석의 국수'에서

‖시사모 동인시‖

이동춘	곽인숙
임수현	고지현
최소정	최재우
한명희	최규헌
김해인	조문정
김장구	이인철
김인자	이성진
김선미	이둘임
김 승	유경화
김봄닢	원종구
김병수	안철수
권오숙	안성숙
권기식	송주은
구수영	박준희
	박주영

이동춘

경기 수원 출생
『문학저널』등단(시)
시사모 동인, 운영위원
(사)샘터문학 부회장, 기독교 문인회 상임이사
건양대 보건복지대학원 교수(외래)
한국융합예술치료교육학회 상임이사

시사모 동인지 다수, 문학의 숲길,
(사)시인들의 샘터 공저
사랑 그 이름으로 아름다웠다,
청록 빛 사랑 속으로 외 다수

열차는 멈추지 않았다 외 2편

이동춘

숨 한번 쉬었을 뿐인데
하루가 흘러 사라지고
야속한 시간 여행은
새 하루로 포장되어 다시 시작이다

짧은 여행의 종착지를
향해 오늘도 질주하는 시간

잠시 멈춘
간이역에서의 휴식은 달달한데
면발 한 젓가락 휘젓다 말고
"열차 떠납니다" 방송 소리에
급히 오른다.

다음 행선지 어디인지
확인할 사이도 없이

급하게 숨 한번 들이쉬고
시간을 달리는 인생 열차

오늘 다다를 역
어디인지 궁금한 하루
어디까지가 내 시간일지 알 수는 없지만

아직 열차는 멈추지 않았다.

때로 가까이 또 멀리

해 저물녘
홀로 걷는 내 곁에
낯선 이 다가서게 되면
나도 모르게 재게 걸음을 옮기게 된다.
같은 간격 두고 뚜벅뚜벅
쫓고 쫓기는 기이한 현상에
머리 발은 쭈뼛쭈뼛, 등골은 오싹

엉겁결 돌아다보니
늘 가까이 때로 멀리 존재하던
나와는 대면이 허락되지 않았던
나와 또 다른 나의 분신 그림자였다

내 어깨 뒤에서 나를
말없이 보호해 주던 너 그림자 친구!
〈

그래 이제 나도 그대의 그림자 되어
그대 가까이 늘 함께하리라
마음 닿을 수 없어 안타까울 때 있을지라도
친구와 동행하는 나
비록 그림자 하나뿐일지라도
그대로 힘을 얻어 인생 험로(險路)에 남긴
우리의 발자국은 참 아름다운 동행의 길이였다.

그리움으로 피는 꽃

지난 밤 그대 흘린
피 눈물 채 마를 사이 없어
이 새벽 그리움 한 방울 남겼는가?

그 조차 잠시 후
강렬한 태양 빛에 사라지겠지만
그대 남긴 눈물의 흔적

소멸되는 너의
비장한 모습을 보며
내 하루의 시작은 경이롭고

스러졌다 다시
살아나고야 마는
네게서 나는 인생을 학습한다.
〈

그리움 한 방울에
수많은 밤의 사연을 담아
피워낸 아름다운 이슬 꽃, 그리움으로 피는 꽃!

임수현

경기도 안성 출생
시사모 동인회 특별회원

5월의 시사모 디카시 작품상 수상
6월 시사모 이달의 작품상 수상

종자 외 2편

임수현

서귀포 친구에게
쪽파 씨 내는 법을 알려주었다.

바닥에 드러누운 쪽파는 죽은 게 아니고
알을 품었다고
바다 달려 온 바람과 해를 보면
다시 살아날 수 있다고

하늘을 날아서 파 씨가
나의 텃밭에 묻혔다.

언 땅에서 송곳니처럼 봄을 밀고 나와
뽑아 먹고, 데쳐 먹고
살았던 자리조차 무너져버린 무덤

호미가 달구질하니 토실하게 영근 갯내를 토한다.

〈
그의 고향은 바다였을까
아니
바다에 가기 전 어느 뒷밭에 들렀을지도

입 다물고 누워버린 파 씨에
고향도 묻지 말라는 탱고 음악이 흐른다.

너를 기다리며

시간은
골이 깊은 강을 흐르는 물처럼
더디게만 흐르고
거꾸로 매달린 시계추는
반동에 반동을 더하며 흔들린다.

먼 거리에 서서
술잔에 담긴 강물 위로
안개에 가려진 흐릿한 모습은
방향만 내게 알려온다.

가늘게 떨리는 취한 목소리는
비비꼬인 이어폰 줄을 타고
소프라노 음성으로
자장가 부를 것이다.
〈

장미수가 놓인 안경집에서
얇은 돋보기를 꺼내든 여인은
책장 넘기는 건 서툰 마음뿐
언 불빛 내리는
가로등 아래 서성이고 있다.

폐부에 와 닿는 공기는
새벽으로 가는데.

참외

궁뜰 모퉁이 끝자락에
송이버섯처럼 서 있는 원두막
비가 쏟아진다.

작대기 뻗친 가마니 문짝 내리고
쏟아지는 빗소리만 시간을 저민다.

아버지, 어머니는
봄부터 그 밭에 몸을 심고
첫 물은 부처님 전에 공양하고
뙤약볕에 백팔 배 하듯 몸 구부린다.

오일장 맞는 새벽이면
옹골진 것 내다 팔고
흠집 난 것 한 입 베어 물면
입 안 가득 여름 향기 들어앉는다.

〈
그렇게 살아서였을까
부모님 사셨던 나의 뒷밭은
단내가 고랑마다 흥건했다.

여름은 궁뜰 모퉁이에서부터
나를 따라다니고
마음 늘어져 버린 날에는
오로지 노란 그것만이
나의 어깨를 올려세운다.

최소정

2019년 시집 『타로카드에 들키다』로
작품활동 시작
2020년 계간 『시와편견』으로 등단
공저 『나비의 짧은 입맞춤』 등
시와편견 작가회 회원
시사모 동인 운영위원

석양 외 2편

최소정

꽃이 질 때는
구름이 짙어

풀밭에 주름 펴고 앉은 바람
노을에 겨워
밭은기침을 한다
저무는 것들은 눈물 몇 방울
붉게 떨구기 마련이라
시간을 이고 선 꽃대엔 진딧물처럼
벼린 침묵이 고이는데
자다 깬 늙은 벌이 묵언을
꿀처럼 핥고 있다
한 잎 두 잎 떨어지는 꽃잎
시나브로 춤을 춘다

흔들리는 이별에
詩를 긋는다

발견

누군가를 만나는 일은
그의 먼 기억으로 오는 사연을
내 못에 연잎처럼 띄우는 일이다
별이 치미도록 부서지는 밤
그를 꺼내 잠잠히 읽는 일이다
슬픔이 깨어나고 별이
이슬을 토닥여
꽃을 흔들 즈음에

페이지마다 꽃물이 들어차
그를 읽는데 내가 읽힌다
달각,
열리는 일이다
잊혀진 내가

빗물은 자물쇠

빗물이 창가로 걸어옵니다
거친 숨결을 싣고

창문에 세찬 발길질을 해대는데
빗물에도 뼈가 있을까요
뚝 뚝 부러지는 소리가 납니다

먼 기억이 빗물에 섞여 내리다가
창에 부딪혀 함께 부러집니다

뼈째 스며들어 물이 되는 사연들과
악수합니다
안녕이라고,

빗물이 목까지 차올라
한 발씩 세상이 잠기고
주춤거리며
생각이 잠깁니다

한명희

대한문인협회 등단
시사모 동인
시와글벗 정회원
화가
시사모 동인지 외 다수

단단한 가을 외 2편

한명희

떡메 치는 방망이로
호두나무 등을 내리치자, 귀하게 품은 자식들 와르르 쏟아 놓는다

어미 젖줄을 빨면서 얼굴이 동그랗게 익을 동안
호두나무는 자식들 몸에 딱딱한 옷을 입혔겠다

금지옥엽 사랑에도 썩은 반점이 생겨나고
독이 퍼진 속이 새까맣게 병이 들까봐
어미는 혼신으로 제 몸의 기름을 짜내고
삶의 근육 뽑아서 자식들 갑옷을 지었던 것

어릴 적 내 어머니 흙 만지고 놀아야
병마 이길 힘을 기른다고
마당에 고운 흙 날라다 오셨다
〈

그 흙으로 두꺼비집 짓던 손으로
두툼한 내 꿈도 품었다

엄마의 마당에는 황금빛 가을
어느새 내 손아귀에서 달그락달그락거리는 풍요

그 단단한 꿈을 굴리고 있다

강물 따라 흐르라 하네

늙은 배롱나무 한 그루
병든 제 무릎에
여린 뿌리 하나 앉히고 떠나갔다

삼백육십오일 어둠과 빛을 밟고
조울증 같은 날씨 이겨낸 어느 여름 날

풍성한 잎사귀마다
화사한 꽃송아리들
여울지는 그리움에 붉다

어미는 그랬다
길게 뻗은 가지들 이 년째 새순 돋지 않던 삭막함에도
결코 용기를 잃지 않았고

회색 콘크리트가 꽉 막아 놓은 물길에도

등을 꼿꼿이 펴고 어린 수액 잔가지들에 흘러가도록 등을 토닥였다

  아기 나무는 알고 있다
  죽은 어미가 뿌리 깊숙이 감춰둔 젖줄에
  살이 오르고 꽃을 피운 것을
  어미가 떠난 자리에서 이제 어미가 되는 것을

  그래, 그래 저 강물처럼
  순리대로 흐르면
  올곧은 나무로 자랄 수 있다는 것을

미루나무 가로수 길

버스가 지나가고
흙먼지 풀씨처럼 날리던 가로수 길

초록이 지친 계절에도
내 안의 신록은 푸르러서
청춘의 지평선 너머로
마냥 걷고 싶던 길

그 길 위에
땡볕에 달궈진 나무 이파리들
그 이파리 속으로 푸른 울음 쏟아내던 매미

그럼에도 꽃과 꽃말은 싱그러워
무언의 약속이 피어나고
약속의 안쪽으로 흐르는 강물에
종이배와 나는 윤슬처럼 반짝거렸다

〈

세월의 기슭에
종이배는 젖지 않고
아무 날 아무 시에 닿을 것 같았는데

모든 게 세월에 흩날려가고
그 종이배는 어디로 흘러간 것일까
돌아오는 길을 잃어버린 것일까
벚꽃 길로 바뀐 이 길이
그때 그 길이건만

김해인

부산 범일동 출생
부산대학교 평생교육원
시창작법및 감상과정 수료
2020년 월간 『문학세계』 등단
새날 동인
현대상사 대표

가을은 외 2편

김해인

가을은

원효암 약수터에
노스님의 독경 소리에

가을은

화엄벌 억새밭에
산우山友들 마음에

다소곳이 숨어있다

어머니의 정화수井華水

첫 새벽
우물물에 비친 별빛을 담은 생명수
하늘에 올리는 물
마음을 치유하는 물

어머니는
표주박으로 떠서 장독대에 두시고
두 손 모아 하루를 여셨다

참빗으로 빗어 올린 쪽 찐 머리
밤하늘과 별
달빛 아래 기도하시는 어머니

자연과 우주가 교감하는
이른 새벽의 정화수

맑은 물처럼
순리順理대로 살게 하소서

죽비소리

잠들지 마라
탁 탁
정진하라
탁 탁

기왓장의 빗소리
톡톡
도반의 죽비소리
탁 탁

톡톡 탁 톡톡 탁

한 여름밤
범어사 경내의 이중주
톡 톡 탁
톡

〈
비 그치고
별이 빛나면
참나를 보려나

김장구

경주시 거주
시사모 특별회원
시사모 동인지 『내 몸을 글을 써다오』 공저

바람과 마음 외 2편

김장구

찌렁찌렁 호령하는 태양이
긴 하품하는 휴일 오후

편서풍이 분다
남동풍이 분다

편서풍 불어오는 날
나산 들녘으로 나가
비껴가는 바람에
쌓인 앙금
웅크린 그리움
훌훌 털어 내고 싶다

남동풍 불어오는 날
양남 바다에 떠오른
초승달 같은 눈웃음과

윗니 가지런히 드러나는 미소가 아름다운 네 얼굴
보고 싶다
　넉넉한 너의 마음에 들어가
　안기고 싶다

　너랑 홀씨 되어 그렇게
　바람처럼 흐르다 멈추는 곳에
　뿌리 내리고 싶다

　아무도 모르는
　아주 깊고
　아주 먼 그곳에

　발끝까지 훑고 지나가는 바람
　나의 바람이 외롭다.

늦은 봄

커피 향에 흔들리는 늦은 봄날
비 내리는 창가에 앉으면
추억들도 쏟아져 내린다

아름답기만 한 기억보다
아린 기억들이
이별의 아쉬움에 남은 미련에 눈물짓던 시간

가두었던 시간 속 늦은 향기는 커피 향보다 더 진한
애틋함이 묻어나고

저만치서 손 흔드는 봄의 뒷모습
무심히 떨어지는 빗방울이
발걸음을 재촉한다

라일락 향기 멀어져 갔어도

떠나는 슬픔
보내는 아쉬움에
흠뻑 젖어도

하늘에서 내리는 건
모두 예쁘다.

끙끙이

안개주의보가 발령되었나

공원은 바지런한 떡방앗간인 듯 김을 내뿜는다
빙 둘린 북녘 산정으로 피어오르는 안개
바다도 해무로 일찌감치 문을 닫는다

추억 속 사랑 그리운 얼굴
아스라이 닿을 듯 말 듯
짐짓 모른 체 안개 따라 더듬는데

평생 입을 바바리를 사겠다며 다시는 옷을 안 살 듯 말하는 아내
 옷을 살 때마다 끙끙

 콩쥐도 안갯속에 묻혀
 방울 소리만 따라오고

〈
양남 벌은 하얀 장막에
둘러싸여 끙끙
안개에 싸인 것들은 끙끙이를 알 수 없네.

김인자

강원 양양 출생
2007년 『문학시대』 등단
강원작가회의 회원
2019 강원문화재단 창작지원금 수혜
시집 2019년 『우화를 엿보다』 상재
시사모 동인(특별회원)

해상 일기 외 2편

김인자

체한 말 뱉자니 파랑 일겠고
삼키자니 명치 아프다

그대들은 별일 없이
안녕하겠지만
나는 초침마다 신물 올랐다

뱃머리에 엎드려 속을 게웠다
다 못 게운 언어들이
밤하늘에 촘촘했다

배는 한 척인데
사공이 넘쳐
오늘도 항해를 접어야겠다

섞이지 못한

기름과 물의 날들
시간이 약이라니 또 삼켜야지

직립했던 체기는
닻을 내리는데
내일 바다 날씨는 알 수가 없다

폭풍 전야

아내의 또 다른 말은 '안해'
집 안의 태양이라는 의미라는데
사내에게 여자는 볕이 되지 못한다

제비처럼 조잘조잘 떠들다가도
집구석에 뭔가 걸렸다하면
침묵 모드로 급변하는 여자

커지는 도마질 소리를 죽여도보고
빳빳해지는 치맛자락을 감춰도 보지만
그럴 때마다 압축했던 불만들이 튕겨 올라
팡팡 터지는 레퍼토리

종일 떠든 TV가 목쉬겠다고
우산은 펴 말려서 보관하라고
신발 흙은 왜 집에까지 들였느냐

양말은 뒤집어 벗지 말랬잖아

몇 번의 강산이 바뀌도록
똑같은 노래만 불러 젖힌 여자

일터에서 여자가 돌아오기 전
남자는 안전대비 태세로
구석구석 만전을 기한다는데
생글거리며 귀가한 여자가
돌연, 돌연히 고요해지면

그 순간이 가장 긴장된다고
억수, 억수로 초조하다고

음악 시간

감정 표현이 음치인 남자가 있다

치매 노모를 깨우는 일은
새벽부터 큰 숙제
딸그락 딸그락 부엌 전주곡에
노모 손을 잡는 남자

참새들 입 모아 합창할 때마다
나무들 촉, 촉, 잎 피우고
남자가 한 옥타브씩 키울 적마다
이불속으로 파고드는 노모

어제까지 부르던 말랑한 노래는
어디다 버렸나
목울대를 길게 뽑아 올리는 남자
〈

여자가 흩어진 음 모아 밥을 담고
국을 뜨고 수저 챙기는 동안
몇 번의 고음 끝에 일으켜 앉히는 남자

솟구쳤던 엇박자를
숟가락으로 조용히 삼키는 아침
여자는 남자가 품은 악보를
눈감고도 읽어낸다

노모 향해 세운 목울대가
미안하오 고맙소
여자에게 바치는 노래라는 걸

김선미

조대 평생 교육원 <시의 이해와 창작반> 활동
고재종 시인과 <꿈과 현실>에서 공부 중
정윤천 시인과 <시 빚기>에서 공부 중
전국 시사모와 <디카시>에서 활동 중

2016년 국향 시 대전 입상
2018년 아시아 문화 페스티벌 문학 백일장 우수상
2019년 전국 도농 협동 연수원 주최
제 1회 디카시 대회 대상

김종삼씨와 전통 손두부 외 2편

김선미

16년째 만들고 있다는 손두부 부부
작달만한 키에 가무잡잡한 피부
넉넉한 웃음이 닮은꼴이다
예전에 김종삼씨는 선생님
아내는 충효동에서 통장하다가
손끝 매서운 시엄니 밑에서
손두부 만드는 법 눈치코치 전수받아
도시로 나온지 열여섯 해란다

전 날 맑은 물에 담가둔 열두 시간 불린 콩
동녘이 밝아오면 득달같이 일어나
커다란 맷돌 돌려가며
자식같은 두부 한 모 한 모
정성껏 만든다

우선 비닐로 둘러쳐진 집부터
심상치 않다

포장마차처럼 생긴 곳 들어가니
허연 난로 오래된 탁자들이 우릴 반긴다
누리끼리한 벽 위쪽엔
빛바랜 동양화 한 폭이 걸려있다
다산이 강진 유배 가는 길에
소찬대신 주모한테 그려 주었다는 그림처럼
무엇인가 얘기하는 것 같다
아들은 엄니한테 달랑 그림 하나
유산으로 받았을까

뒤란에 있는 텃밭 무진장 넓어
배추 상추 고추 갖가지 채소들이
물씬물씬한 향내 뿜으며 식탁에 오른다
폭삭은 김치 한 가닥 흰 살덩이에 올려
입에 넣으면 구수하고 새콤해
고향에 온 기분이다

아버지

길지도 짧지도 않았던 삶
푸르른 소나무처럼
살다가신 아버지

정직하게 살아라
의롭게 살아가라
생전에 외치셨던 힘찬 목소리
들리는 듯 들리는 듯
우리들 가슴에
옹이처럼 박혀있네

세월이 바뀌어도
높은 기상 그 누가 따를손가
천년이 지나도
억겁의 시간이 흘러도
대쪽같은 그의 성품
청산에 새기리라
별빛에 새기리라

추상고절

가을 푸른 바람에
자지러지는 국화 송이들
실국 소국 대국 갖가지 얼굴에
한낮 볕이 따사롭다
설익은 모과는 국화 향에 무릎 꿇고
포르르 날던 노랑나비 한 쌍
꽃잎에 앉아 자울거린다
쪽빛 하늘에 조개구름 몇 점
발길 떼지 못하고 내려다 본다
오색 국화와 섞인 사람들
하나같이 꽃이다
누렇게 색칠한 들녘
배부른 황소가 한가락 뽑고
흰 머리칼 휘날리며
억새도 춤을 춘다
깊어가는 가을 오수를
고즈넉이 받아들이는
지금은 순명의 때

김 승

계간 『시와편견』으로 등단
2017년 시집 『시로 그림을 그리다』
2019년 두 번째 시집 『오로라&오르가즘』 출간

계간 시 전문지 『시와편견』 편집위원
시와편견 작가회 회원, 모던포엠 작가회 회원
시사모 동인

매화꽃 필 때 외 2편

김 승

길을 다 건너지 못하고
도로에 눌어붙어 납작해진 생쥐
아직 본능이 살아 있는지
고양이가 어슬렁거리자
달아나려고 흔적만 남은 꼬리가 움찔거렸다

골목 끝에서 매화가 막 꽃망울을 터트릴 때였다

단편소설보다 짧은 삶
일생이 한 페이지로 납작해져
도로에 편철되어 있었다
얼마나 많은 타이어가 세세히 읽고 갔는지
남은 글자로는 생애를 파악할 수 없었다
매화꽃 아래 묶인 강아지
고양이 보고 짖어 보지만
꽃만 우수수 바람을 향해 추파를 던졌다

〈
햇살이 변변치 않은 골목길 담벼락
샅바를 잡고 배지기를 시도하는 황소 뒤로
고층 아파트들 피곤한 듯
힘겹게 서 있는 담장에 기대어 있었다
금이 간 나비 날개 사이로
다시 돋아나는 풀잎
나비의 생애를 복기하려는지
촘촘히 뿌리를 뻗어 탁본 중이었다

남겨야 할 이력이 백지 한 장인 골목
한 줄도 안 되는 조문을 읽고 지나가는
봄,
바람

평화를 빕니다

잠시나마 나의 바다에 빠져보는 저녁
그림자는 어둠을 끌고 자꾸 깊은 데로 간다

생각을 컴컴한 옷걸이에 걸어 놓으면
하루의 기억을 잊지 못하는 종아리는
뒤틀린 의자처럼 삐걱거린다

어디에 숨었던 씨앗인지
쓸쓸함은 꽃보다 먼저 싹을 틔우고
뿌리를 베어내려 고개를 흔들면
외로움이 가슴으로 넘쳐흐른다

불 꺼진 방에서 백지로 펄럭이는 상념

나도 한때 가슴 출렁이는 한 줄 문장이었으리라
서로 사랑하지 말아야 했던 운명처럼

문장은 단어들로 흩어지고
자음 모음으로 분해되어
스스로 녹아내려 비문이 되어버린 가슴

꽃들도 담장을 넘지 못하고
바람도 골목길을 잠근 채 두문불출하는 봄
봉투에 그리움을 붙여 보내는 안부

당신의 평화를 빕니다

달팽이의 최후

등록금 납부 마지막 날
새벽어둠을 가르며 승용차 한 대 산 중턱 저수지를 향해 올라갔다
불빛은 승용차 앞부분만 겨우 찢어 내었을 뿐
뒤에는 더 무거운 어둠들이 지나간 흔적을 채우고 있었고
옆에 누운 딸은 눈을 감고 있었다

남편은 항암 치료를 거부했다
말기라서 해 보았자 소용없다는 항변이었지만
쑥쑥 줄어드는 통장의 잔액과 전세금마저 다 빼먹고 갈 수는 없다는 배려였다

남편이 떠나고 그가 남기고 간 트럭을 몰았다
밤마다 집을 밀고 다니는 전국구 달팽이가 되었다
항구에 도착하면 바닷가가 집이 되었고

산에 도착하면 산바람이 이불이 되어 주었다
피곤이 허락하지 않으면 고속도로 졸음 쉼터도 집이 되어 주었고
독한 년이라는 말을 훈장처럼 달고 다녔다

어둠을 찢으며 거슬러 올라온 삶
마지막 용트림하듯 번쩍이더니 빠른 속도로 유성처럼 떨어졌다

며칠 뒤 등록금 마련 못 한 모녀의 극단적 선택이라는 기사가
비에 젖어가는 저녁

김봄닢

강원도 원주 출생, 현 서울 거주.
방통대국어국문학과 졸업.
중앙대학교 대학원 문예창작학과 전문가과정.
한국문인협회 회원,
(사)한국다선 문인협회 운영위원
시사모 동인.
시집『그 계절의 안부』발간.

장마 외 2편

김봄닢

대지의 수분을 모두 빨아들인 구름이
축 늘어진 몸의 무게를 감당하지 못하고
빗물 되어 흘러내리고 있다
작은 원을 그리며 떨어지는 구름의 표피
리듬에 맞춰 연주한다
악보가 따로 없는 물방울들의 선율
지붕에 부딪혀 통곡을 하고
벽에 부딪혀 한계를 느끼고
지표면에 부딪쳐 곤두박질을 친다
스며드는 법을 아는 빗물은
이른 새벽이 오기 전
자는 사람들의 마음속을
깨우며 물이 되어 흐른다
투명한 물처럼 살아가라고
낮은 곳으로 더욱더 낮게 흘러가
우리 다시 만나자고 약속을 한다

패점

화곡동 남부시장 귀퉁이
단골 가게를 지나다가
굳게 닫힌 문틈으로
볼품없이 내팽개쳐진
주인 잃은 잡동사니와 마주할 때
초라하게 널브러진
내 모습을 보는 듯해
늘 터닝포인트를 꿈꾸면서
미숙한 닭의 파닥거림이 되곤 하지
차가운 유리 벽 오늘 또
소상공인 한 명이
차가운 세상의 풍랑을 이기지 못하고
쓰디쓴 독주를 앞에 놓고
불황에 허덕이는 안주를 씹겠구나
떨어지는 낙엽처럼
지키지 못했던 것들이

부도수표처럼 휘날리고
불 꺼진 가게 앞을 스치듯
지나가는 암울한 바람만이 고요하다

시어 사냥

가끔 불어오는 바람도
흐르는 땀방울을 식혀주지 못했다
열병처럼 끓어오르는
욕망의 씨앗을 잘근잘근 씹어 삼켰다
가슴안에 갇힌 표현하지 못한 말이
숙성되어 내면의 아이가
세상 밖으로 배출되길 바라고 바랐다
사랑의 허기인가
마음의 빈곤인가
채 영글지 못해
시가 되지 못한 말들이
습자지 위에 너울거리다
버려지고
잡으려 해도
잡히지 않는 것들로부터
허망함을 느끼며

온 생이 흔들거리듯
행간을 구분치 못한 언어들이
제멋대로 번져가고 있다

김병수

충남 예산 출생
경기 안양 거주
자영업
시사모 동인
시사모 이달의 작품상 수상

빗물 스며들다 외 2편

김병수

장마가 계속 이어져
나무와 풀들이
뿔뿔이 흩어져 버리자
흙은
허우적거리는 자신을 보았다
한때 씨앗을 움트게 하고
풀과 나무를 키워냈다 자부하며
자신이 전부인 줄 알았으나
그들의 뿌리와 그늘이 나를 지켜주고 있었구나
흙은 비탈을 내려간다
어딘가 뿌리 몇 가닥 남아 있을지
물에 휩쓸려가기 전에
건져낼 수 있을지
젖어버린 몸으로 다지기 시작한다
비탈에 바위를 쌓아 흐름을 막고
자갈을 깔아 물 빠짐을 해주며

뭇 생명들이 자신을 만들었음을
비로소 알았다

다져놓은 흙 위로
빗물 서서히 스며들고 있었다

검은 눈물

말라버렸다
흐르던 계곡물마저 헐떡거리다
멈추자
들판에 풀도
산속의 나뭇잎도 기운 잃어
시들어 가고
노루 한 마리 지친 듯 마른 벌판
바라본다
그나마 남아있던 수분마저
목마른 태양이 삼켜버린 메마른 땅
바람의 휘저음에
서러운 통곡 쏟아내고
가뭄 바람은
눈물조차 낚아채 떠나가니
대지는
오늘 기억해두고 내일을 꿈꾸며

마른 잎 한잎 두잎 모아
불을 지핀다
다시 그날이 돌아오면 오늘의
검은 눈물 밑거름으로
풍요를 노래하리라
그렇게 불은 활활 타오르고

천수답

골짜기
굽이굽이 돌아가다 보면
생명의 땅 있다
온갖 생명들의 요람
송사리 헤엄치고
우렁이 유유히 유람하며
미꾸라지 숨바꼭질하는 것
배고픔까지 안아 주는 것
굽이굽이 골짜기 돌아가면
거기
땀에 젖은 농부의 한숨과
희망이 있다
희망
무너져버린 희망은 잡목으로 덮여버려
떠나간 뭇 생명들
돌아올 줄 모르는데

한숨 묻었던 농부의 눈길
아린듯
잡목 속을 헤집고

꿩 한 마리
푸드덕
멀리멀리 날아오른다

권오숙

1962년 영양 출생
시사모 특별회원
강동시회 회원

분재 외 2편

권오숙

테이블 위에 있는 작은 소나무
화분이 너무 작아
뿌리가 위로 솟아올랐다

왼쪽으로 뻗은 나뭇가지는
쇠로 고정해 놓았고
오른쪽으로 뻗은 가지는
누군가 멋스럽게 꼬아놓았다

뿌리에 덮을 흙이 모자라도
가지를 이리저리 자르고 꼬아도
어디다 하소연도 못 하고
소리 지르고 울지도 못하고
쓰라린 속을 움켜잡고

그래도 살아야겠다고
죽을힘을 다해
솔방울 하나 매달고 있다

냄비교실

특별식은 아니어도
제철에 나는 사물을 끌어와
냄비 안에 나란히 앉히고
이름표를 달아주었다

적당한 레스피에 국물을 붓고
뚜껑을 닫으니 교실 안은 시끌벅적
서로 반장을 할 거라 우기는지
몸싸움이 벌어졌다

청각이 예민해진 셰프
끓어오른 거품들
중 약 불 조정에 조용해진 교실 안
후각으로 불러내어 간을 본다

그럼 그렇지

첫술에서 제목의 맛이
연신 끄덕이며
교실 문을 여는

오징어

짜디짠 바닷물에 선팅을 얼마나 했길래
가무잡잡한 몸으로 내 앞에 와 쓰러진다

뭍으로 오기까지 너도 열심히 살았지
맹물에 샤워를 시켜 간물을 게워내고
물기를 닦아 마른 침대에 눕히고
발끝까지 마사지는 기본 서비스다

얇은 가운을 벗기자
너의 하얀 속살에 눈이 부셔
나도 모르게 목젖이 꿈틀거려
미안하지만
너를 오래 만지니
손끝에 전율
온몸에 느껴져

이 고운 자태
내 안에 넣어둘게

권기식

경북 안동 출생
들불문학상 수상
『대한문학세계』 신인문학상
시사모 동인 특별회원
시사모동인지 『나비의 짧은 입맞춤』 등 공저

고향 우체국 외 2편

권기식

면사무소와 농협 사이
고소한 냄새 새어나는 참기름 집 옆
머리에 빨간 모자 눌러쓴 고향 우체국
기름 냄새 풍기던 우체국
오늘따라 사람 냄새 풍긴다
먼지 쌓인 처마 끝엔 터줏대감 거미가
한가로이 줄타기하고
찾아오는 이라고는 허리 굽어
땅을 이고 오시는 할머니들뿐

어저께는 곡식 담아
도회지 자식에게 보냈고
오늘은 갓 짜낸 참기름
자식 수만큼 담아
코끝에 돋보기 간신히 걸치고
도회지 한 귀퉁이 자리 잡은 자식에게

삐딱한 주소 적는다

기름보다 더 고소한 엄마의 정성 보태
잘 받아먹길 바라면서
두 명뿐인 직원
느릿느릿한 할머니 모습 보면서 고소한 미소 짓는다
잘 보내주이소 한마디 인사하고서는
유난히 맑은 하늘 보며 허리 한번 펴신다
집으로 향하는 걸음 솜털 같으시다

고향의 바람 햇살은 그대로였다

일 년 두어 번 싹 맛보는
고향 맛
바람 맛은 그대로일까
햇살 맛도 그대로일까
갈 때마다 품는 궁금증이 다

입구
앙상함으로 맞아주는 느티나무
언제 보아도 미동도 하지 않은 채
가지 사이로
바람 햇살 끌어안은 채
그 모습 그대로

내려다보이는 언덕배기
불어오는 바람이 코끝 훔치며
맛을 잔해 오고

햇살도 내려와 맛 전해온다
그대로이다
수십 년 흘러 발효되어
더 깊은 맛을 전해온다

가끔 피어오르는 연기 꼬리에는
아버지의 뜨근뜨근한 사랑과
어머니의 고소한 사랑이
언덕배기 오른다

그들은 변하지 않았지만
골목 거쳐온 바람에는
개구쟁이 웃음소리 들리지 않고
내려온 햇살 가슴에는
메마른 구멍 하나 뚫려 있다

언제 또다시 웃음소리 만나고
뜨거운 가슴 만날 수 있을까
바람과 햇살만
내 마음 토닥토닥 인다.

아 푸른 동백꽃이여

햇살에 익은 물결은
반짝반짝 춤을 추는데
붉게 익어 펴야 할 꽃들은 어디에

팽목항
수많은 노란 숨결들은
비릿한 바람에 흔들리다 못해
갈기갈기 찢어진 하얀 나비 되어
힘없는 날갯짓만

구석
검은 컨테이너엔
행여 피어오를 붉은 동백 기다리며
가는 숨결 내 뿜는데

따스한 계절에도

뜨거운 가슴에 고이고이 품고 있어도
피어나지 않고
항구의 칼바람만 가슴 후벼파네

구수영

2018년 『시와편견』 가을호
신달자 시인 추천 등단
2019년 『나무는 하느님이다』 시집 상재
동인지 『돌을 키우다』
『나비의 짧은 입맞춤』 등 공저
시사모 동인지 편집장
시와편견작가회 동인
시사모 운영위원

소록 산악회 외 2편

구수영

지는 것들을 사랑해 보기로 했다
사랑이란 게 노력으로 될 일인가 추레하게
저무는 것들 아무리 사랑하려 해도
사랑해지지 않는 것들 앞에
얄팍한 품을 인정하고 무릎 꿇었다
소록 산악회 2주년 기념
몇 년 전 집에 온 기념 수건
초록 산악회였지

해 질 무렵 스라소니와 늑대의 울타리를
비껴 집으로 돌아가는 순록들의 긴 그림자
지치고 겁이 가득한 눈빛
무리 속에 낯익은 순록 한 마리를
불러 세운다
한때 도도하게 서 있던 뿔은
어느 시간쯤에 두고 온 걸까?

뿔이 빠져나간 헐렁한 정수리
늙은 순록이 텔레비전 앞에 앉는다
하루 한 번 챙겨 먹는 혈압약처럼
일일연속극을 챙겨보고 숲속에 혼자
사는 남자들의 이야기에 열광한다

초록 산악회가 소록 산악회로 낡아버린
오 년 전 기념 수건은 진작에 버리던지
걸레로 사용했어야 했다
날긋날긋 헤진 수건 한 장에 무슨 기념할
일이 그리 많다고 번번이 개 놓았을까
집에는 기념으로 받아온 뜯지도 않은
수건이 수십 장인데

아듀 화양연화 花樣年華

화려했던 왕년을 놓아주기로 했다
머리 밑에 솟아난 땀이 이마로 흘러
눈물 만들던 밤은 가고

지난봄
낡고 오래된 내 배경이 되어 주었고
오가던 사람들의 즐거운 배경으로 남았을
오월 장미
실낱같은 바람에도 움켜쥔 꽃잎 놓고 있다

녹슨 가위에 찢겨나가는 생살이 아프다
장갑을 뚫고 저항하는 가시 돋친 마지막
몸부림 가지치기를 해주면 내년 봄
더 멋진 배경이 될거야 이제는
누군가의 배경이 되어주어야 할
때, 쓸쓸하지만 그것도 나쁘지는 않아

〈
누구에게나 있었다는 왕년의 한 때
큰소리로 으스대며 자랑하고 싶은 날들
떠오르는 기억만으로도 입꼬리가 치솟는
왕년을 보내주며 또다시 왕년을 꿈꾸는

쓸쓸한 위로

오후 네 시, 뒷목을 끌어당기는 피로가 이슥하다

잘 볶아진 원두로 내린 드립 커피나
커피머신에서 갓 뽑아낸 에스프레소로는
해결할 수 없는
설탕과 커피와 프리마의 황금비율이 만든 종이컵
커피의 치명적 매력을 아는지, 순서지를 뽑아
기다리는 사람들 틈에서 곧 부서질 것 같은
낡은 수레 하나
종이컵 커피를 마시던 아버지
입가에 묻어나던 안도의 미소가
땀을 흘리다 주름진
혈관마다 빠르게 도는 블랙 수액
위태롭고 쓸쓸하지만 반짝 피어오르던

백원짜리 동전 세 개가 만단 위로

혹시

당신이 또렷한 목소리로 그 커피가 우리에게

미칠 수 있는 여러 개의 해악을 반나절쯤

나열한다 해도

오후 네 시는 그렇다

손에 쥔 꼬깃한 순서지를 던지고

화살기도보다 빠른 달달한 6온스 종이 커피에

기대 이 어두운 터널을 지나고 싶은

곽인숙

남해 출생, 경기도 남양주 거주
2020년 신달자 시인 추천으로
『시와편견』 등단
첫 시집 『동심원 연가』 4쇄 발행
시사모 <이달의 작품상> 수상
시사모 동인, 운영위원

행복한 시간이 미안하다 외 2편

곽인숙

숨바섬
돌멩이가 널브러진 땅
잡초가 아이들 꿈을
덮는 땅
신발도 신지 않은 채
나의 품에 안기는
아이들
희망을 본다
얼굴도 손도
새까맣다

나를 연예인 보듯
쳐다본다
그곳에 글로리암이란 중학교를 세워 주는 날
뺨 위로 뜨거운 액체가
흘러내렸다

〈
교복 입은 아이들이
운동장을 채우고
꿀꿀이도 닭들도
식구가 많아졌다는
메일이 왔다
하늘을 올려다보니
구름도 웃고 있다

행복한 시간이 미안한
오늘이다

장 담그는 날 나도 익는다

소금을 녹여 장물 속에
봄을 버무립니다
달걀이 물 위에 살짝
떠올라 염도를 알려줍니다

스무살의 나이 때
내 꿈은 싱거웠는지
늘
염도가 부족했습니다

낮 흐르고
밤 흐르고
어느 날 맛으로
다가오는 장맛처럼
뜰 한쪽에서 자리하고
묵혀 익어갈 때
나도 고요히
익어갈 것입니다.

목마름을 느낄 때 찾아가요

물안개가 강물을
덮습니다
물안개 위에 올라앉아
보고 싶습니다
팔당호 주변은 순간순간
다른 페이지입니다

자전거 도로와 물줄기를
따라 걷다 보면
다산 선생님의 목소리가
들리는 책 속에 머물고
있습니다

슬로시티라는 팻말이
군데군데 서서 느린
걸음을 옮기게 합니다
〈

양수대교를 건너가
봅니다
남한강과 북한강이
깍지를 끼고 만나는
두물머리가 발길을
잡습니다
더는 누를 수 없는
갈증을 느낄 때
나 그대
숨결 느끼러 찾는
곳입니다

언제나 두 팔 벌려
온화한 미소로 안아 주는
한 발짝 두 발짝
나를 위해 높이
꿈꾸고 싶을 때
조용히 찾는 곳입니다

고지현

창원 거주
윤석산 시인 추천으로
계간 『시와편견』 2020 가을호 등단
시사모 동인, 운영위원
시사모 이달의 작품상 수상

길이 흐르는 길 위에서 외 2편

고지현

신협 네거리 신호등 빨간불
정지선에 멈춰선 길
다시 신호등이 바뀌면 뛰쳐나갈 준비로
숨 고르는 전사들, 평정심 잃은 유월은 이미
제 온도를 넘어 끓어오르고 있다

목적지 장전한 총알이 튕겨 나가는 순간
길 위의 속도전 누구를 위한 것인가

퀵서비스 오토바이 한 대 길 아닌 길로 앞서 날아간다
아슬아슬한 곡예사의 뒷모습
어쩌면 목적지에 도착하기 전 지워질지도 몰라

뭐가 그리 급할까
횡단보도 앞에 가면 다 만날 얼굴들
네거리 신호등 앞에 서서 길의 약속을 읽는다

멈추고 다시 걷고 돌아가고 또 멈추고
정교하게 맞물린 톱니바퀴처럼
흐르는 길 위
횡단보도 건너편 돌아오는 당신의 길

지금은
녹색 신호등 손 흔들며 날갯짓하는 하얀 나비

인력시장

모퉁이 쪽문 덜컹거리다
어둠을 밀어낸다
덜 부푼 햇살 숨소리 조용한 길가 장터에 선다
지난 밤 골목마다 스며 들었던 어둠
하나둘 새벽 별로 점등되다
창이 없는 그의 방
날개 접은 바람이 웅크리고 있다

매일같이 쏟아져 나오는 허름한 안전화
장터에 나온 사람들
오늘도 하루살이 같은 삶
줄어드는 일거리 앞에 무너지는 어깨
갈 곳 없이 찾아 드는 장터 앞
콩나물 국밥집
붐비는 시루 속 비집고 앉은 자리
소주 한 잔으로 시린 속 씻어낸다

불콰해진 얼굴
어둠 속으로 다시 스며들고
더듬더듬 쪽문을 열면
습기 가득한 빈방에서 기다리는
새벽별

복국 한 그릇

밤을 깨워 술을 마셨네
새벽 세 시까지 지루하게 이어졌던 술자리

숙취를 풀기 위해 집을 나섰네
복국집에 앉아 수족관을 유영하는 바다를 보네
우리가 바닷속 물고기라면 아마
나의 천적은 당신일 거야
지난밤 우리가 부딪힌 술잔은 헤아릴 수 없지만
무엇을 위해 잔을 비웠는지 가물거리고

우리 언제쯤 사랑산 연리목처럼 만날까
술에 절어 토해 놓은 독한 말들
복 국 한 그릇 앞에 두고
말없이 훌훌 넘기는 해장의 시간

당신 그거 알아

삼십 년 살다 보니 나도 모르게 닮고
습관처럼 젖어 드는 게 있더라

바다를 통째로 삼키는 당신과 나
말없이 복어의 고향이 되어가는
오후

최재우

서울 출생
시사모 동인 특별회원
한국 디카시인 모임회원

겹 그리고 그 틈 외 2편

최재우

억겁^{億劫}을 흐르는 대청^{大靑} 아비는
겹을 비추어 천불^{天佛} 어미를 채우고
그 틈으로 걷는 이는
눈에 담느라
뚝
ㅇ
ㅇ

사내의 눈물만 꽃으로 피어난다

하얀 산 겹겹이
붉은 산의 틈을 발로 밟으며
검은 산의 겹을 눈에 담는다
옛 짐승의 길에
내 힘을 나누는 이유는
〈

사내는 한 세상 사는 도리^{道理}에
산 마루로 겹을 이루고
그 틈을 메우고
살아가야 하기 때문이다

한 방울

빛과 소금의 역할이라면
죽은 나무의
어두운 몸 안에 어설프고 가난한 살림 중

줄에 걸린 한 방울의
물로 태어나서 거미의 뱃속을 지난 후에

깨닫고자 하는 젊은이의 정수리에
떨어지는 물이라도 좋고

꽃 잎 아래 맺힌 이슬도 좋고
그리운 눈물 한 방울도 좋지만

이름 없는 시인의 펜 끝에 걸린
그 흔적이 나 라면
그것 만으로 죽도록 행복하여라

이정표

멀리서 산마루를 바라볼 때

이제 곧 도착하는 목적지의
정상에는
들머리와 날머리를
알려주는 십자목이 말없이 서 있습니다

앞만 보고 오르는 어리석은 자는

길을 잃거나
지쳐 있을 때에
이정표는
큰 힘이 되지요

갈보리 언덕 위에 십자가로 보일 때는
더 더욱 그렇습니다

최규헌

전) 두산중공업 부장
육군학사장교 예맥회원
시사모 특별회원

꽃무릇 외 2편

최규헌

그저 꽃 한송이
바위 아래 한 송이 피었을 뿐인데
저렇게 환하게 새벽을 비추고
새소리는 얼마나 파랗게 퍼지는지,

오롯한 영혼을 담은
달랑, 알 몸 하나
무릎 높이로 꽃대롱 밀어 올리고
그 흔한 빨간 볼로
지나는 뭇 시선을 단숨에 훔친다

가을 문지방 앞 꼿꼿이 서서
밤마다 혼자 저미어냈을
닿지 못할 사무친 그리움

벌써 검붉어진 마음

쇠방울 눈만 두리번대다
가을 속으로 숨어버린다

갈바람에 가슴을 다독이고 있을
꽃이되 기어이 꽃일 수 없어 흐느끼고 있을
사랑도 세월도 한 발 앞세운 사연
살며시 다가 가 들어 보고 싶다.

3월은

오가는 길목
서리꽃 피던 자리에 영롱한 이슬
새벽을 열고 시린 대지로 뺨을 내민다
엷어진 얼음이 은백으로 찰랑이면
물안개로 얼굴 가리고 새벽 길 걸어온다
담장 넘어 초록이 미소 짓는
연분홍 처녀가 눈부시다

이슬로 에워싼 대지의 아침
햇살에 입 맞추어
둑방길 따라 아지랑이 피어나면
파랑새 깃 다듬고
쑥은 초록 꽃
갓 피어난 이파리마저 거룩하여
나물 처녀와 더불어 꽃이 된다
〈

박치골엔 쟁기질이 한창이겠지
오두막 옆 개울물소리도 들려오고
버들강아지 꺾어 가슴에 대어 보았니 ?
미지의 세계로 피어나는 고동소리는
햇살이 바람에게 전하는 말이란다.

단풍꽃

큰 나무 먼 가지에 그냥 이파리였다

뙤약볕을 온 몸으로 막으며
처연하게 키워온 파—란 꿈
불가마도 몰랐고
천둥번개도 잊은 열정이었다
한번, 꼭 한번 꽃이 되고자
품어 온 가슴속 붉은 이름,
절망마저 끊어내는 단 하나 희망이었다

긴 기다림을 감아 돌아
보름달처럼 달아오른 시월,
필생의 기다림은 몸부림을 보인다
새벽바람은 한 눈에 알아차린 듯
스쳐가는 바람만은 아니었다
〈

뜨겁게 타오른
하룻밤 인연
가슴앓이는 수많은 꽃망울을 붉혀내고
가을의 꽃이 하늘을 채우고야 만다

조문정

경남 진주 거주
시사모 특별회원
디카시 이달의 작품상 수상
첫 시집 『시인의 국밥집』 상재
진주 천전시장 돼지국밥집 운영 중

구석 외 2편

조문정

나는 구석이 좋다
허공을 방황하던 먼지가
하얀 꿈을 토해 놓은 곳

봄이 남겨놓은
꽃 진 자리에
슬픈 봄 앓이가 계속되던 곳

거미들이 집을 짓느라
곡예를 하며 흘린 땀방울이
마른버짐으로 피는 그곳

가끔
귀에 환청이 들리는 그곳에
애가 아픈 소금꽃이 핀다

달 이 차오르는 밤, 숨어 우는
풀벌레처럼

우물에 빠진 달

새벽이면
어머니는 달을 떠왔다
밥 짓던 정지문 앞
조용히 흔들리며 고개 내민 달

먼지 들어간다고 물동이를
덮던 어머니
당신 눈썹 닮은 달
내 입술 닮은 달
참 요상도 하지

나도 달을 뜨고 싶었다
구름만 찰방거리는 우물 속
달을 찾겠다고
까치발 세우고 우물 속에 들어갔다
캄캄하고 차갑고 고단한

어머니의 새벽이 보였다

어머니가 나를 부르고 있다
어머니
제가 달을 통째로 데리고 갈게요

아직 지키지 못한 그 약속
캄캄한 우물 속에 빠진
내 모습
달무리 조용히 퍼지는 밤
고단한 기억 속에
쏟아지는 어머니 웃음

꽃분홍 지갑

봄이 울먹이는 날
가슴으로 울어야 하는
말문을 굳게 닫은 서랍장이
서글프다

오래전 등짝과 붙어 버린
배 속에 되새김하는 상품권 한 장
언제나 바깥세상 구경이나 할까
차라리 화려한 백화점이 그리웠는지
밤손님과 떠나버린

그 자리에 아들 모습이 스쳐 간다
엄마 생일 축하한다고
쑥스럽게 내민 꽃분홍 지갑
아낀다고 아낀다고 써보지도 못했는데...
〈

아픈 살점처럼 떨어지는 아들의
옅은 미소
내 마음을 위로하듯
뽀글뽀글 국밥이 끓어오른다

이인철

경남 거제 출생
부산에서 살다 2001년부터 제주에 거주
시사모 동인
2020 제3회 경남고성
국제 디카시 공모전 입상

성포항(城浦港) 엘레지 외 2편

이인철

저물녘의 바다 위로 시대에 퇴락한 풍경 하나가
낡고 오래된 영상들을 건져내고 있었다
기억의 창고에 버려진 채 뒹굴던 그 필름들은
빗발이 요란한 TV 영상처럼 선명하지 않았다
털어 넣듯 마신 한 병의 혼자 마시는 술은 더 이상 땡기지 않았고
딸만 한 젊은 아낙이 내어주는 충무김밥도
갑판에 앉아 먹던 감칠나는 옛 맛을 살리지 못했다
항(港)이라 부르기에 민망한 작은 포구에 지나지 않을 만치 쇠락해버린 성포항,
한때는 포구의 浦에다 항구의 港을 더 얹어 부를 만치
섬의 관문 역할을 도맡으며 북적대던 포구
개발로 생겨난 연륙교는 뭍과 섬을 이어주는 대신
포구의 수족을 잘라내고 명줄을 죄었다
부산으로 여수로 다니던 여객선이 일제히
명퇴의 통보를 받았고

제비처럼 날렵하던 엔젤호도 날갯죽지를 접어야 했다
닭 쫓던 개꼴이 되어버린 버스가 밥줄을 이으려고 길을 틀자
그 이름대로 城에 갇혀 개발의 물길이 닿지 않은 포구
어쩌면
시대의 조류에 부응하지 못하고 젊은 시절을 덧없이 보내버린
지금의 늙고 늙은 나를 닮은 듯한 퇴락해버린 어촌임에도
가끔은 아스라한 옛 시절이 그리워지듯
나는 이제의 성포보다 옛 성포가 그리웠다
표가 동이나 타지도 못할 배를 대합실에 쭈그리고 앉아
망연히 기다리던 그 날처럼
선술집에 앉아 밖을 내다보며
지금 나는 오지도 않을 시간의 배를 기다리고 있나

차귀도

돌아가리라 했던 다짐은
세월의 풍파에 씻겨
흔적조차 없이 흩어지고

못다 이룬 꿈은
자책의 아픈 기억이 되어
물결 따라 떠다니건만

청춘의 푸르름은
이미 석양빛으로 물들었고
젊음의 기백은
체념의 한숨이 되어 허공에 떠도나니

귀^{歸}든
차귀^{遮歸}든
헛된 노릇이라

〈
오로지
여기에 머무는 거居만 존재할 뿐

돈 드림

하루를 구부려야 다른 하루를 펼 수 있었던 그 무렵,
나는 배고픈 소크라테스보다
차라리 배부른 돼지가 부러웠다
로또의 광풍이 전염병처럼 창궐하던 시기였다

깊어진 궁핍의 골만큼 시름은 나날이 깊어져 갔고
늘어난 근심 따라 헛된 꿈도 밤마다 늘어났다
로또에 역전 인생을 꿈꾸며 신통하다는 돼지꿈이나
똥 칠갑하는 꿈이라도 꾸기를 간절히 바랐지만

돼지란 놈은 도무지 종적이 묘연했고
날마다 싸대는 그 흔한 똥마저 도통 볼 수가 없었다
일찌감치 잠을 청해도 꿈은 쉽사리 잡히지 않았고
어쩌다 꾸는 꿈이래 봤자
얼토당토않은 일로 곤욕을 치른다거나
공연한 시비에 낭패를 겪는 가위눌림 따위였고

돼지는커녕 쥐새끼 한 마리 뵈지 않는 개꿈뿐이었다

수염처럼 잔털이 숭숭 박힌 흑돼지 오겹살을
제사상을 차리듯 불판 위에 맛나 보이게 올려도 보고
진한 화장을 하고 나온 양념갈비랑 맞선을 봐도
돼지란 놈은 도시 꿈에 나타나지 않았고
벼락을 맞는 것보다 더 힘들다는 로또의 여섯 자리는커녕
남들은 곧잘 맞춰내는 세 자리 숫자만도
가뭄에 콩 나는 것보다 더 버거웠다

인생 역전은 개뿔,
그것은 한낱 일장춘몽이요 남가일몽이었다
또, 그것은 배고픈 소크라테스가 되느니
배부른 돼지가 되기를 마다하지 않는
덧없고 부질없는 돼지꿈, 돈 드림이기도 했다

돈을 주는 것인지 돼지를 주는 것인지 한글의 드림인지
꿈의 영어, 그 드림(dream)인지조차도 헷갈리는
'돈 드림 가든'의 숯불 위로는
흑돼지 생 오겹살이 익어가는 연기가

이성진

경남 밀양 출생, 창원 거주
2019년 계간 『시와편견』 겨울호에
신달자 시인 추천 등단
공저 시사모 동인지 『내 몸에 글을 써다오』 외 다수
시사모 동인, 운영위원

가치의 무게 외 2편

이성진

낱 장으로 떨어지는 꽃잎을 보다가
내밀한 바람이 쓰는 문장이라
공중정원에서 부풀어 오를 때까지 지탱하다
한길도 못 되는 웅덩이 빠질 때까지
누구도 꽃잎의 무게 측정하지 못했다

꽃 이름을 기억하는 것은
일생 낮은 걸음으로 별이 사라진 골목이나
울음도 멈추고 간신히 빛이 새는 돌 틈 한 쪽
오종종 세 들어 사는 가벼워서 서러운 우울
가슴으로 보듬는 것이다

일생을 꽃으로 살고 싶다는 것은
꽃 피우는 동안 다가오는 기막힌 설렘을 기다리는 것
너였다가 나였다가 때로는 우리였다가
절정의 탄성은 유성 같은 순간인데

뿌리의 기억은 언제쯤 두 손 모을까

무게를 이기지 못한 꽃잎
낮 달도 사라진 바람속으로 떨어진다
가치의 무게 가볍게 들지 못한 이유는
끝내 듣지 않기로 한다

그림자로 눌린 배경
칠월 장마 속으로 속절없이 사라지고
무게에 눌린 가슴 끝까지 서늘하다

봄이 쓰는 유서遺書

부레를 달지 못한 꽃들이 진다

동굴 속 아슴한 날들 언제 였던가
눈물도 말라버린 등 너머 소식들
하루가 멀다 하고 쪽진 가슴

며칠 동안 실종신고는 계속되고
철렁한 유서도 없는 부고를 받고
꽃 피우지 못한 몸 두서없이 위로하다
못내 꺽꺽 거리는 이 무례한 봄

더러는 봄이 희망이라 한다
더러는 봄이 생의 끝이라 한다
또 더러는 공동묘지도 찾지 못하는 봄
하늘 아래 지옥이라 한다
〈

희망을 말아 동굴 속에 던져 놓고
날마다 읽어내는 봄이 쓰는 유서
더는 은유의 문장이 필요치 않은
경각의 시간

그 속에
아린 날들 보듬고 살아낸
단단한 구근 몇 개 빈 화단에 심는 한 사람
꽃처럼 건너가고 있는

유월의 기억

일찍 찾아온 무더위
소낙비 한줄기에 저리 맥없이 풀썩 주저앉는 것을
장미 붉은 염문 소문나기도 전에
더위 걱정 머리에 이고 살았던 당신
사실은 더위 걱정이 아니라
온종일 편두통에 시달린 몸서리에
신물 나는 땀방울까지 어우러져
막판같이 조여 오는 숨 막힘 때문이겠지요
유월이 당신의 이마에 닿았을 때
향기 진한 밤꽃 절정으로 치닫고
온 몸 녹아내리는 여름 온다는
소리 없는 계절의 안부 얼마나 두려웠을까요
연둣빛 잔잔한 봄날
꽃바람에 살갗 적시는 소소한 한때
그토록 애잔했던 이유를
내 나이 갑년을 지나 이즈막에 알았으니

사람이 사람을 안다는 게
얼마나 어수룩한 것인지
소낙비 한줄기에 당신을 들춰 보는
유월의 기억

이둘임

경남 마산 출생
서울 거주
주한외국대사관 근무
2019년 『대한문학세계』 시부분 등단
2020년 시를사랑하는사람들전국모임(시사모)
이달의작품상 수상
시사모 동인

엄숙했으리 외 2편

이둘임

세상을 향한
힘든 첫걸음 마 내디디며
시작된 걸음
걸어가는 뚜벅이
매일 지상여행을 한다

골목길로
탄탄대로로
가시덤불길로
산으로 들로
미지의 길로

숭고한 운명의 길 따라
남겨진 발자국
걸음 걸음
새겨놓은 다짐이 뒤틀려

비틀거려도

그곳으로향하여다가간걸음
엄숙했으리
어떤죽음이던
얼룩진발자국에
떨어지지않았을마지막걸음도.

강흘러가지만

늘말없이물결치는곳따라
흘러가지만때로는
멈추고싶어

사람들은외롭거나괴로우면
날찾아와투정부리고
날찾아와욕설하고
날찾아와눈물만하염없이짓는데
어쩌란말인지

무슨사연인지
무작정뛰어들어올때는
내가받든무게도벅차감당이안되어
비가오나눈이오나
포용하는한계가
얼마나괴로운지

강가기립한나무가부러웠다

나에게새겨진당신들의이야기로
강물은한없이깊어만가고
넘치고넘쳐
흐르고있어.

초여름의변(變)

한집두집비어가더니
드디어모두떠나고한집만
남았다는소식에화들짝
그루터기가뿌리채흔들린다

빈집지키던감나무무심히
감꽃피우고어리둥절하다
나무에매달린무수한이야기도

SNS에는거대한공룡이
곧닥친다며잡식이라
마구잡이먹어치울거라고
환호성이다

낙원찾아떠났던공룡
그들소식에지상낙원은폐허속
억억거리며통곡하는데
여름은먼발치에서성이고있었다.

유경화

강원도 철원 출생
동인지 『포도주를 나르는 붉은 낙타들』
하늘섬 바람나무, 수묵화 계절
시가 있는 마을 회관 동인 활동
희망봉광장 문학동인
푸른문학 동인
모던포엠 동인
시사모 동인시집 『내 몸에 글을 써다오』
시사모 동인

드라이플라워 외 2편

유경화

난 초경도 모르고 벗었어요
목련이 피는 계절에 벗었어요

내 몸에서 풋사과 냄새가 난다고
사내들은 굴뚝 쑤시듯 지나갔어요
그제야 그것이 화농의 자리임을 알았어요
가족은 날 고마운 존재라 말은 했지만
나를 목구멍으로 삼켜버렸고 달팽이 집으로 숨겼어요
공기와 바람과 세월이 눈 코 입을 지우고 있었어요
나도 나를 지우고 있었어요
나는 빠르게 말라 갔어요
어쩌다 어쩌다 생긴 자식도
내 그림자를 달팽이 집으로 데리고 갔어요
살 비비고 살던 그도 내가 그 짓을 잘한다고
이를 갈다가 이빨이 몇 개 없어요
결국 신발을 거꾸로 신고 나가

수저는 늘 그 자리에 있을 때가 많아요
대못을 박고 나가 가슴은 깊은 바다 빛이에요
부서지는 몸은 물이 필요해요
부서지는 몸은 꽃병이 없어요
꽃병이 없어 파릇한 꽃잎을 볼 수 없어요
목이 마르니 따뜻한 물이 필요해요

한 송이 꽃으로 태어나
벗은 수치보다 외면으로 곪은 가슴에
세상의 따뜻한 입김만 불어준다면
난 흙과 한 몸이 될 수 있어요

역류

부평 역에 내리면
나이테가 얄팍한 옷들이 즐비하게 있어요
실루엣이 예쁘고 낯빛이 초롱한 것들이 주인을 기다리죠

늙은 예비 주인이 곁을 두면
옷들은 참새 주둥이가 되어 모여 토론을 해요
모래알 씹은 말들이 방앗간 드나들겠지요

나는 나잇값 못한 옷들을 좋아해요
점원이 거들떠보지 않아도 상관없어요
십 년은 팽팽하게 다름 질 해 줄 거란 기대는
늘 빗나가지만 또 큐피드 던져요
싱싱한 것들을 찾는데 노안은 보물찾기예요

긴 너는 짧은 나에게 칠푼이 보다 한 수 위야

타이트한 너는 나에게 두꺼비 등짝이 보여 싫어
허리가 가는 너는 늘씬해 보이지만 S 사이즈인 나에게도 늘 그렇지도 않아
중얼중얼 속앓이가 뾰족하게 자라요

전철 안에서 빠른 스킨을 해 봐요
탱탱하지 않은 종아리를 들어내고 있는 거울 속의 내가
여럿 있어요.
늦가을 낙엽은 언제 땅에 떨어질지 몰라 초초가 주인이에요
그래서 분주는 혁대예요
언밸런스에도 가재 눈 옮겨 놓지 않겠어요

늙어가는 것이 아니라
익어간다는 노래 가사가 간장게장처럼 밀려와요
늙어가는 것은 초행이라 실수는 엄지가 환해요
반딧불이 운명선을 긋고 가요
십 년이 물구나무로 우뚝 섰어요

정情의 삼투압

한 번쯤 왔다 가나 했다
당신 이름 첫 글자가 자리 바꾸고
한 달이면 되겠지 했다

창가 밖에서는 하얀 꽃들이 피고 지고
그 자리 파릇한 새순이 이젠 신록이다

코를 열고 공기를 마시는 것과
*꼬미와 산책하는 길에 *딱지를 만나는 것과
장바구니 들고 골목길에서 이웃을 만나
커피 한 잔을 마시며 동네 소식을 공유하는 것과

별거 아닌 것들이 별미처럼 입맛이 당기는 데
먹고 싶은 것을 먹을 수 없으니 군침이 두 배다

파리처럼 비비고 비비고

입을 봉해 막히고, 막히고,

엊그제 커피 한 잔 마셨던 이웃
손녀딸 데리고 놀이동산 갔다가
당신을 만나 고립된 생활이 시작됐다는 메시지

아픈 사람 손을 잡으면 밀폐인 정
당신이 왔길래 보이지 않은 긴 터널 우울하다

홀로 외줄을 타는 느낌이다

반갑지 않은 당신을
가볍게 인사할 때까지 우울한 외줄 타기는 시계추다

*강쥐 이름

원종구

경북 경주 출생
한국방송통신대학교 국어국문학과 졸업
중앙대학교 국제경영대학원 수료
2000년 8월 공무원 문학협회
공우 신인문학 작품상으로 등단
시집 『천년이 지난 후』 출간
시사모 동인, 시와 문학 동인
제1회 시와 문학상 수상
시사모 이달의 작품상 수상
시사모 동인 시집 『나비의 짧은 입맞춤』 공저

커피믹스 예찬 외 2편

원종구

조언이라 쓴 시어머님의 말을
간섭이라 읽는 며느리

아메리카노를 좋아하는 당신
라떼 커피를 즐겨 마시는 나

우린 쓰는 기호도 읽는 기호도
다른 신호체계를 가졌지요

입맛도 취향도 달라 늘 꼬인 신호를
읽어대는 우리 사이

'사회적 거리 두기'라는 이상한 신호체계로
스킨십마저 금지되어
우린 불편한 동거를 계속 하였습니다
〈

꽃비가 속절없이 내리던
울적한 봄날

아메리카노의 쓴맛과 라떼 커피의 단맛을 같은 비율로 우려내어

동그란 차탁에 마주 앉아 커피를 마시며
서로의 기호를 쓰고
서로의 신호를 읽어 봅니다

간섭이라고 써도
조언으로 읽어주는 신호가
눈으로 들어왔습니다

오늘도 우리는 커피믹스를 마시며
같은 신호를 읽습니다

─────

두 발로 일어설 수 있음이
지구의 중력 때문이라지요

나비가 꽃을 찾아 날 수 있음이
공기의 저항 때문이라지요

밤의 적막을 헤집고 아침 해를
맞이할 수 있음도

태양계의 팽팽한 줄다리기와
나의 저항 때문이 아니겠어요

이 땅에 뿌리내린 생명력 있는
존재의 모든 것

해와 달 그리고 수많은 별들의 숨겨진 이야기...

〈
그 삶의 여정에
어데, 걸림돌 하나 없었겠어요

돌부리에 넘어져 상처 난 흔적
어데, 없으려나요

앙가슴에 묻어 한으로 굳어진
옹이 자국 하나
어데, 없으려나요

상처꽃, 그꽃의 향기로 피어날
나비의 몸짓
상처 꽃 당신께 기도를 청합니다

비 오는 날의 수채화

비가 내린다
늦깎이 봄비가 창을 두드린다

잠자던 내 안의 꽃들이
기지개를 켜고
강 같은 그리움이
안개꽃으로 피어난다

창밖엔 꽃비가 무시로 내리고
내 안의 모란이 뚝 뚝
떨어져 내린다

네일 아티스트가 되겠다며
봉선화꽃을 따서
손끝에 얹어주던 풋사랑
〈

그대는 봉선화 나는 수선화
영글지 못한 자줏빛 꽃물이
강으로 강으로 흐른다

안철수

부산 거주
성원실업 대표
시사모 운영위원

부재를 배웅하다 외 2편

안철수

나뭇가지가 흔들린다는 건
내 안에 누군가가 떠났다는 것이다
또박또박 쓰던 필체가 비틀거린다 든가
다 쓴 치약을 신경질적으로 짜게 되면
슬픔이 되었다는 거다

예컨대 실패했다는 것인데 어떤 셈의 공식보다
난해한 글을 읽었다는 것인데 온전한 답은 없단다

바람은 불지 않았으면 했다
바람은 길게 불었으나
불었으나
짧게 불었으나
불었으나
불었다는 건 어쩔 수는 없다
〈

가령 고생대 마을 빈집에 거미줄 혼자 사는데
나비가 날아들었어 어떡할래
먹어야 해 아님 사랑해야 해
설령 벌이 날아들었다 해도

혼자 있다는 것이 좋았다면
확실히 지친 것

우린 지쳤다는 걸 알았어야 해
그 사실이 중요해
팔이 무거웠던 거지
물컹했던 거지 서로는
카나리아였던 거지
바람만 불면 날아가는 카나리아

여행 온 새에게 여행하기 위해 온 새
눈 속에 넣고 운 카나리아
너를 지울 순 없어서
뒤척이는 등은 가질 수 없는 형태로
부재중이다

Raincoat

비가 온단다
이런 날은 레인코트를 입고 안부를 물으러 가야겠다
메모를 해둔 것은 다가오는 것들 금방 잊을 것 같아서다

장마는 안부와 같고
장마의 날에 감자탕을 먹는데 안경에 서린 김 같다
쉬이 벗을 수 없는 안경은 쓸쓸함을 대신하는 코끼리 눈빛 같다
검은 뿔테는 반갑다는 인사를 대신한다

어떤 날은 담아두고
안부는 아직도 남아있는 시간의 등 뒤에 서 있다
무언가 물어보길 바라지만 뼈를 물고 있어
어떤 다정도 궁금도 열 수는 없는 것으로
이러고만 있다

〈
숨과 숨의 연결 속에 숲은 새 날개 밑에서 젖어든다
젖어든다는 것은 거미줄에 달려 볕을 숨긴 거와 같다
범람 때의 기억을 가졌던 강물이 곁을 내어 준다

보글보글 거리는 감자탕에는
넘치지도 않고 넘어가지도 않는 만큼의 정한 맛의
룰이 있다
 어떤 날 느닷없이 닥친 표정들
 레인코트를 다시 입기까지 마음은 숨겨야 했다

나의 울만 한 곳

지워도 지워지지 않는 불면은
안경을 벗었다

포개진다는 건 안경이 두꺼워졌다, 는 것
 무심히 견딘다는 것은 명치 어디쯤 복사된 기억이
배경이다

흘러가야 매일 출근하는 맛을 알지
시계를 풀어놓고 발은 묶어놓고
기계 밑동에 난 수염을 닦으면
누구나 매미 소리 환해지는 여름 한구석을 알게 되지

안경은 두꺼워질수록 눈은 흐려져 갔지
빌어먹을 자세히 들여다보는데
마침표가 해체된 나이테가 6월의 장미를 피웠어
장마가 장미를 삼켜 가시가 후두둑

하늘로 쏟아졌어

이런 날에는 안경을 닦지
닦으면 얇아지는 유리알 머금은 젊은 날 나는
폐병쟁이 친구가 나누어준 기침을
쌓아놓을 곳 없는 몇 권의 책, 갈피에 적어뒀지

문장은 사라지는 걸까
보고 싶다고 생각하는 것과 함께

비로소 여름이 환해진 이유를 안 거지
보고 싶다고 생각하는 것마저 지워졌을 때
아 다시 못 올

안성숙

충남 천안 출생
여수 웃꽃섬 거주
시사모 동인

슬픈 영사기 외 2편

안성숙

불현듯 침묵을 깨트리고
멈춰 선 흑백 영사기가
가슴에 나직하게 스며
고향 집 앞에 데려다 놓는다

뒷집 여자아이가 어슴푸레
안개에 가려진 체
아기를 등에 업고 서성이고
일 철 끝난 겨울이면 아이 아버지는
지방 공사 현장에 머무니
계모는 희나리 마른 고추 가지고
서울 간다며
빨강 립스틱 짙게 바르고

열 살 남짓 아이 터진 손등으로
꼬부라진 신 김치 조각에 꽁보리밥
동생들 챙기던 아이

가끔 다른 얘들 몰래 먹을 걸 건네었는데

강산이 한 번 반이나 고향 땅에 갔을 때
뙤약볕을 피해 미루나무 그늘에
땀 식히고 있는
만삭된 임산부가 언니 부르니 누구?
아~그 아이 현미구나
언니가 잘해줬는데 하며
하얀 이 드러내고 웃더니
정신이 온전치 않은 그녀는
얼마 지나지 않아 뱃속 생명과 하늘나라로
슬픈 영사기는 끊어졌다

늦은 밤 그녀가 떠오르니
누군가에게 좋은 사람으로
기억된다는 것은
배려에서 비롯되는가 보다

웃꽃섬 바다

볼그레 달아오른 하늘 아래
새벽이슬로 단장한 웃꽃섬
뽀얗게 화장한 해님
조심스레 얼굴 내미니

긴긴밤 길잡이 하던
빨간 등대는
고단함에
단꿈에 빠져들고

물살 가르며 나가는 어선들
거품 불고 달려가니
찬란하게 빛나는
윤슬 반짝임에 눈이 부시네

달님 보호 아래
그물 치맛자락 살랑거리며

바닷속에서 고쟁이도
입지 못한 채
오돌오돌 떨며 추위 견뎌 지샌 밤

흥건히 젖은 채 부유하고 보니
갑오징어 낚여
대롱대롱 매달려
오도 가지도 못하는 신세라

치맛자락 사이에서
보호막 치려 먹물 발사하는 바람에
얼굴이 벼루 되어
뚝뚝 떨어지는 액체
실눈으로 보니
눈물인지 먹물인지
어선 갑판 위에 수묵화 피었어라

궂은비 내리는 웃꽃섬은

수묵화 그리던 창공 맘에 들지 않아
바람 지우개로 지워 버리고
하얗게 덧칠해 다시 그려 놓은 수묵화는
누구의 솜씨인가
변화무상한 하늘 시샘하는 무채색
비워내고 채우기를 반복하며
변덕이 죽 끓듯 한데
이름 모를 산새 갈팡질팡
머리 둘 곳 찾아 헤매다가
움츠린 나뭇가지 흔들어
빗속에 빗방울 또르르 비를 맞고 바다로
성난 파도 가면을 벗자
무서운 드라큘라 성깔 드러내
열변을 토해내고 화풀이하니
자갈이 짜그락짜그락
부딪치며 던진 말
모래 씹은 듯 질경질경 해

송주은

부산 출생. 부산 거주
대한문인협회 등단
시사모 동인 특별회원

만화방 외 2편

송주은

남편과 함께 무심히 야구 보던 중
응원하는 팀의
패색이 짙어 지자 열 내는 그 양반한테
한 마디 던졌다

야구는 구회 말 투아웃부터야
의아하게 바라본다
야구를 아느냐 이거지

사실 모든 스포츠 룰은
국민학생 시절 방과 후
달려갔던 만화방에서 배웠다

야구는 독고탁에게서
권투는 강펀치에게서

성질 고약한 오빠에게 물었지

왜 이름이 강펀치야?
그럼 약 펀치겠나?

스포츠 룰만 아니라
세상살이도 만화방에서 배웠다
로맨스는 엄희자에게서
정의는 뱀, 베라, 베로, 요괴 인간에게서

그때 아이스케키는 모두 팥 맛
잘못 걸리면 소금물 흘러 들어간
아이스케키를 먹어야 했지

구회 말 이사
역전의 예언 이뤄지니
배트에 날아가는 공과 함께
아이스케키 맛도 함께 날아온다

북경에서

북경에서
발 짓무른 탁발승과 마주쳤다
아니, 탁발승이 내 앞에 뛰어들었다
과잣값을 좀 달란다

며칠을 굶었다는 탁발승
도처의 먹거리는 고기뿐이라
과자밖에 먹을 수 없다는 호소가
진짜 중인지 아닌지 모르겠지만
그의 다 짓무른 발에서

오래도록 걸어온 그 마음이
읽어진다 겸손하게
무언가를 위하여
기도했으리라
그렇게 믿기로 했다

〈
과자를 주섬주섬 담아드리니
행색은 남루하지만
아미타불
아미타불
독경 외며

얼굴이 환해져 돌아갔다

아버지

시간을
삼십 년쯤 되돌릴 수 있다면
하얀 면사포 입고
첫발 디디는 그 순간이었으면

아버지가 할아버지 같다고
신부 손 잡고 들어가는
그 소중한 순간을
큰오빠에게 맡겼지

그땐 몰랐다
아버지 마음을
철없는 막내딸은
그저 그런가보다 여겼을 뿐

세월 흐르고

언제부터인가
왜 이리 마음에 맺히는지

시간을
되돌릴 수 있다면
주름진 아버지
중절모 곱게 눌러쓰시고

느릿느릿한 지팡이 발걸음 따라
향기 은은한 부케 들고 다시
걷고 싶다

박준희

창원 거주
시 전문 계간 『시와편견』에
신달자 시인 추천으로 등단
시와편견 작가회 회원
시사모 동인
시사모 동인지
『짧은 나비의 입맞춤』 등 공저

버스 정거장 외 2편

박준희

안개비 오는 이른 아침
단발머리에 나풀거리는 치마
첫차엔 버드나무 연두색 이파리 냄새가 싱그럽다

초록의 꿈을 실은
네 개의 바퀴는 울퉁불퉁
젖은 신작로를 달려가는데

키가 큰 벚나무 우뚝 서서
하얀 눈물로 편지를 날리고 있다
창문 열고 그 하얀 연서를
눈으로 읽고 가슴속에 옮겨 쓴다

세월을 지나 도착한 늦은 정거장
막차와 함께 일상의 전모가 실려 가면
〈

적막만 흐르는 가로등 아래
지나간 사랑에 쓸쓸히 손을 흔드는
허리 구부러진 시간의 모습

공중전화기

나를 찾는 이 아무도 없다

세찬 바람에는 꿋꿋하게 버티지만
뼛속까지 파고드는 외로움은
안으로 자라는 단단한 고드름

저마다 작은 지갑을
귀에 대고 조잘거릴 뿐
애타게 불러도 목소리는 허공에 맴돌고
눈길 하나 주지 않는다

잠시 벗이 되어주던 낙엽조차
어디론가 날아가 버리고
바람은 발갛게 언 귓불만 괴롭히는데

딱딱히 굳어버린 관절들

작은 바람도 숭숭한 뼛속을 지나는 통풍

봄은 오는 걸까
긴 목 빼고 둘러보지만

자전거

사람을 기다리다 지쳐 한쪽 무릎이 꺾인
고향 집 늙은 느티나무 아래
바퀴마저 달아나 버린 녹슨 자전거

아버지의 넓은 등에 매달려
시원한 바람을 가르며 강가를 달리던
꽃무늬 원피스에 반짝이는 빨간 구두

빛 바랜 흑백사진 속처럼 멈추어 버린 시간이
그곳에는 살아 움직이고 있었다

불에 덴 것처럼 살아 오르는 통증

느티나무도 사람이 그리웠는지
내 주변을 끊임없이 서성이며 말을 걸어오더니
나뭇잎들 자분자분 어릴 적 이야기를 들려주고

〈
석양이 아버지 누운 곳을 붉게 물들일 때
그곳에 나를 두고 돌아오는 저녁

박주영

2020년 <뉴스N제주 신춘문예>
디카시부문 당선
시사모 이달의 작품상(디카시) 수상
시사모 동인, 특별회원

노송 老松

살아가는 길
굴곡지더라도
아파하지 마라
가닿는 세상 모두 한 곳
느리지만 아름답게

하루를 견디는 힘

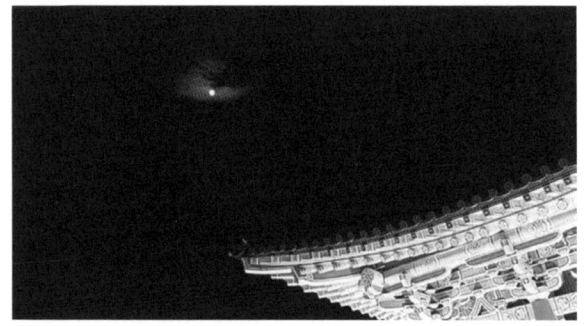

달빛 받으며
불 밝힌 집으로
돌아가는 길

돋아라, 싹

생명을 키우고 있는
깨진 그릇
황량한 내 안에도
실낱 목숨 꿈틀댄다

너의 편지

내 마음에 숲을 이룬 이 누구인가

꽃잎 엽서 총총 띄우는 이 누구인가